JN439890

계절의 유혹

계절의 유혹

홍성웅 시집

이 글을 사랑하는 아내와 가족에게 드린다.

책머리에: 고향으로

사람은 시간과 장소의 산물이다. 용 빼는 재주 없다. 성경은 그 깨달음으로 차 있다. “땅을 박차고”, “나르는 학”이나 “청계산의 매”라도 도리없다. 우리가 살아가는 시대와 장소 제한과 속박을 떨칠 수 없다. 손오공이 근두운(筋斗雲)을 타고 날라가 봤자 부처님 손바닥 안이 아닌가?

오늘의 ‘망구의 세대’는 일제와 제2차 세계대전의 끝 마무리를 경험하였다. 동족학살과 가족을 잃는 처참한 전쟁을 겪고 총탄과 폭격에서 공산군의 학살에서 살아 남았다.
우리 세대는 예외 없이 먹고살기 위한 공부와 직업을 선택하였다. 참 무식하고 우악스럽게 살아남기 위해 싸웠다. “아이”가 시혼이 있다면 우리세대는 재빨리 그 “숨통”을 막아버렸다. 우리는 가난과 치열하게 싸우고 말도 통하지 않는 해외 시장에서 값 싼 제품을 팔고 새 기술과 학문을 배웠다. 어려운 환경을 인내와 낙천으로 이기고 역사에서 보기 힘든 경제 성장의 기적을 만들어 냈다.
도대체 그런 세대가 쓰는 시라는 것은 어떤 것일까? 70~80년 전 숨통을 틀어 죽인 여린 소년의 시혼이 어떤 모습일까? 80 중반의 나이에 “고향으로” 가는 길이나 알아 볼

수 있을까? 나도 궁금하다. 그 동안 PC에 담았던 "짧은 글"을 모았다.

과천 우거에서

2022. 6. 6 가민 홍성웅

차례

2. 아마존의 신화

3. 계절의 유혹

4. 아침 햇살 속에

5. 낙엽의 무게

1

기차 여행객

가슴 두근대는 고향

글 쓰는 것이 금기였던
세월을 뒤로 하고
글을 쓰려고 한다
고향으로 돌아가는 순례의 마무리인가?
그동안 고향은 얼마나 변하였을까

고향이 나를
내가 고향을 못 알아볼까
가슴이 두근거린다

사미인곡(思美人曲)

귀인이 온다더니
까치만 날고
기인 한숨에
괴인 눈물

Seasons

Spring came with roses and promises
Summer passed with thunders and showers.
A flock of Canadian geese fly high in autumn sky

S.W. Hong

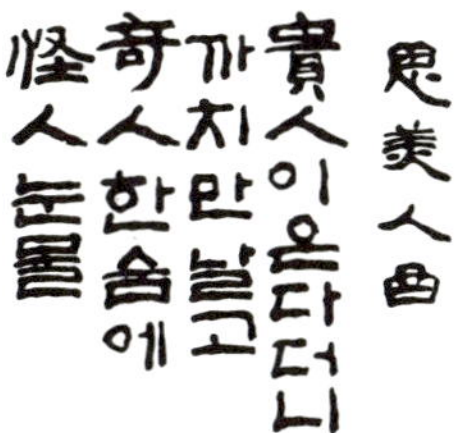

한 선(禪)

영국에는 코난 도일(Conan Doyle)이 있고
중국에는 마조도일(馬祖道一)이 있네
코난은 인연의 사슬을 묶고
馬祖는 마음의 사슬을 푸네
마음의 사슬을 묶고 푸는데
다를 것이 없으니
南과 北, 東과 西가
남아있지 않네

장미와 노인

이른 아침 산책을 나온 노파
고사리처럼 굽은 가냘픈 등
지팡이에 의지하고
한적한 아파트 보도를 걷는다
담장넘어 늘어진 붉은 장미송이 밑

노파의 흰 머리
싱그러운 바람에 흔들리고
선거날에 투표소로 가시는가

네잎 클로버

그 옛날
조선 명의 백박사는
치료하던 내 오른 발목을
절단할 수도 있다고 했단다

어머님은
여덟살 짜리를 데리고
괴로운 사연 하소연하러
삼촌댁과 경복궁 뜰에서 만나셨다

그날 어머님은 고궁뜰 풀밭에서
네잎 클로버를 찾으셨다

매사에 대범하시던
어머님의 커단 눈은
기쁨으로 반짝이시고

80해가 지난 후 오늘까지
내 발목은 아직 멀쩡하고
어머님은 오래 전 세상을 떠나셨다

경복궁 담장
옛 총독부 자리
무성하던 잡초 속에서
어머님의 눈에만 보인
아들을 위한 행운의 네잎 클로버

북경초로(北京初老)

동이 트는 대로
피곤은 남은 대로
허리가 굽고
자식 없는 노인들은
인민공회당 앞 가로수 밑으로 간다

타이치과 치콩(智功) 아니더라도
중력을 이기려는
고속촬영 리플레이(replay) 같은 동작으로
팔을 펴서
손 끝과 희미한 회색빛 하늘을 우러러
우주와 대화하고자

인생을 대강 살아봤어도
천리는 깨우치지 못하고
어두운 아침 하늘에
침침한 눈으로
손가락 끝에 걸린

우주를 본다.

찰나와 같이 지난 평생에
못다한 일들
옥황상제도 무엇이라 탓하랴!

2004년 겨울호 서울문학

홍씨 생가

화창한 봄날
삼청동 골짜기
개울 따라
약수터 가는 길에
벚꽃은 지천으로 피고
길은 걷기 호젓했다

자하문 밖 자두와 능금밭
한 접씩 사서 머리에 이고
이마에 땀방울 송글 맺힌
젊은 아낙네가
사라져 버린지 오래다

경복궁 동쪽 담 끼고
흐르던 맑은 물은
삼각산에서
삼천동을 지나
팔판동에서 휘어져

청계천으로 모이고
개울물에서
가재잡던 아이들 웃음소리
검정 아스팔트 밑으로 묻혀버렸다

경우가 밝지만 못나고 막힌
서울 사람들이 낳고 살았다는
팔판동, 소격동, 계동, 가회동, 원서동
지금은 '시골뜨기' 음식점과 화랑들로 채워져

형님이 출생한 본적지는
관광객이 즐겨 찾는
칼국시 집으로 둔갑하고

날씨는 화창하고
봄은 왔지만
서울 노인의 고향은
지금 어디에도 없다.

보스턴 시립도서관에서

그대는
모진 뉴잉글랜드 겨울을 칠팔십 번을 버텼다
얼굴의 깊은 주름은 거북이 목같고

도서관의 낡은 가죽 소파에 묻어
화석 같이 굳어진 등과 억세고 휘어진 손가락
책갈피를 넘기고 있구나

머지 않아 손에 든 책은
마루 위로 떨어지고
피곤한 노인은 미소를 지으며
자리를 뜰 것이다
많은 것을 깨닫고
그러나 깨닫지 못한 것에 대한 아쉬움
한 터럭도 없이

가벼운 영혼은
높다란 도서관 창문 넘어
날아 갈 게다
거위의 깃털처럼

가볍게

관수동 외가

늦은 밤 제사지내던
관수동 외갓집
구십구 칸 정원 끝
백년 묵은 회나무에
부엉이가 울었다

어머님 손에 매달려
집으로 가는 길
청계천 수표교에
도깨비불이 날랐다

이제 모두 세월을 타고 떠나버렸다.

신의 약속

끈질기게 남아서 펄럭이던
마지막 잎새마저 사라지고
그 풍요하던 여름은 흔적이 없다

윤기 흐르던 참나무 껍질은
화목처럼 검게 변하고
뒤틀어진 참나무 가지는
악마의 손가락처럼 구부러져
차디찬 바람은 송곳처럼 불어도
겨울의 숲은 내게 속삭인다

칠흑같은 어두움 속에서 별은 빛나고
절망 속에서 희망을 창조하기로
신은 인간에게 약속하였다

이따가

아마도
지친 다리를 끌며 걷다가
보채는 어린 자식에게
어머님 약속은 구원의 소리
'이따가'

학교 뒷담 좁은 골목길
칠흑 같은 공장에서 구워낸
보드랍고 달콤한 노란 생과자

객지 생활의 어려움과 외로움을
달래는 Bruch의 바이얼린 콘체르토도
쏟아지는 잠을 참던
나이 든 유학생에게

'이따가'

자식을 멀리 보내면서
나 그리고 자식에게

'이따가'

가을 낙엽과
눈 덮인 겨울
오고 또 가고

이제는
마지막 한 장 남은 달력처럼
바짝 등 뒤에서 들리는 소리

'이따가'

동트기 전

동이 트기 전
거위 울음소리에 눈을 떴다
밤새 뒤척거리다
잠이 든 그대
향기로운 숨결
부드러운 숨소리
그대는 그렇게 나의 곁에서
하늘에 연을 맺은지 쉬흔두 해
쉬흔두 해와 그리고 여덟 해

미망의 꿈과 업보 속에 세월은 흐르고
그대의 작은 기쁨과 평온한 미소
그대를 내가 지켜 주었나?

눈 같이 깨끗하고
봄바람 처럼 부드러운
내 영혼의 반려자여
순결한 숨결이여

인생은 회한의 연속이고
순간은 영원인 것을
그리고 지금이 태초의 시작인 것을

어디서 무엇으로

어느 별에서 온 조각인가?
화평한 미소를 품고

한 겨울 피곤한 퇴근길에
곤색 트렌치 코트를 입은 채
독일어 강습소애서 졸던 공군 소위는
흰 바탕에 초코렛 줄이 간 코트
잘룩하게 허리를 묶었던 당신을 만났다

지금 성글게 남은 흰머리
세 딸들을 잘 키우고
객기가 아주 가시지 않은
철 안든 늙은이 곁에 편히 잠들어

하나 둘 친구들 떠나고
맺었던 인연들 흩날리는데

우리는 몇 겁을 지나
은하수 자락 어느 별

끝 없이 긴 백사장에서
두 알의 모래로 다시 만날까

아 다시 올 세월에는
우리 둘은 어디서 무엇으로 만날까

화초에 물주기

구부정하니
정성스럽게

난초와 이름 모를
화초에 물을 주는
거칠고 여윈 그 손은
추운 겨울 얼어 돌아온
아이들의 사과빛 찬 볼을 녹여 준
하얗고 부드러운 그 손이네

물 먹은 화초를 바라보는
그 눈길은
자라나는 자식들의
곤히 자는 얼굴을
내려다 보던
사랑이 쏟아지던 눈길

혼자 남은
보금자리에

쏟아지는 늦은 봄의 햇살은
어쩌다가 그리 밝고 호사스러워

텅 빈 아파트
호사스러워

저녁이 오다

찌는 듯한 더위 속에
시끄럽던 매미도
힘이 처진
일요일 오후 네시 반

구름은 신부의 드레스 마냥
파아란 하늘에 흐른다

정적과 정체

긴 하루가 지나고 있다
기대와 흥분은 가라앉고
아편굴의 연기마냥
기분 좋은 피로가 내린다

이제는
더위도 가시고
나른한 하루가
지나간다

하늘은 더 푸르고
곧 저녁이 오지

새로운 역사 속으로

학은
묵은 해를
미련없이 떨치고
회한과 분노도
티끌처럼 날려 버리고
훨 훨
날아 가는가?

아주 가는 다리로
미망(迷妄)과 굴종(屈從)의 땅을 박차고
힘찬 날갯짓을 하려는가?
용기와 감사가 있는
새로운 역사 속으로

곤지암의 선산

곤지암 지나는 길에
혼자 어머님 산소를 찾는다
논에는 수확한 볏단이 널렸고
선산에는 들국화 향기 그윽하다

우리들 자랄 때
슈베르트의 자장가와 보리수
성탄절 성가를 함께 부르시고
쇼팽을 즐겨치시던 어머님

삶의 아름다움을
사랑하시고
사랑하도록
가르치신 어머님

가을을 남기고
그만 돌아갑니다.

늦게 핀 장미

끈적거리고
늘어지던 여름이
꼬리를 감추고
유리알 같이 투명하고
파란 하늘로
가을이 왔다

풍요로운 계절을 마다하고
영하로 떨어진 초가을
길가 담장 너머로
늘어진 붉은 장미 두 송이

가는 주름이 아름다운 중년 여인
옷깃을 세우고
늦가을 늦은 오후
늦은 장미 아래를 간다

과천의 어버이 날

동네 콘도에서
두 노인이 앉아 점심을 한다
커피와 김밥 한 줄을 테이블에 놓고
어울리지 않는 메뉴 같지만
나이드는 이야기

오월의 녹음 한창인데
구름은 낮게 드리우고
서늘한 바람이 부는
공들여 가꾼 정원에서
세 딸이 바다 건너 사는
노 부부는 함께 산책을 할 수 있으니
축복이란다

육십 년의 동반자를
말없이 쳐다본다

오늘은 어버이 날

기차 여행객

열차에 마주 앉은 노인은
봄마다 가르다(Garda) 호숫가
산골 마을 살로(Salo)를 찾는단다

산자락을 스쳐가는 봄바람이
에델바이스(Edelweiss) 꽃을 피울 때 맞추어
노인은 해를 거르지 않고
한적한 호반마을을 찾았다

젊은 날을 기억한 듯
희미한 미소가 스치고
화석같이 굳어진 얼굴
깊게 패인 주름도 덮을 수 없는
환희와 아픔의 흔적을 찾아

인생의 영욕이 안개같이 흩어지는 나이에
무엇이 노인을 대서양 건너 버지니아(Virginia) 산골에서
티롤(Tyrol)작은 호숫가 시골 마을로 불러오는 것인가?
우리, 두 노인은 다시 창 밖을 보았다

아제아제 바라아제 *

시작 메모

남 Tyrol의 Garda 호수를 낀 Salo라는 작은 마을은 제2차 세계대전 끝 무렵 Mussolini의 은신처였다. 이 작은 마을 Salo를 매년 찾는 다는 Virginia에서 온 백발의 신사를 Cortina에서 Bolzano로 가는 열차 속에서 만났다. 나중에 보니 받아둔 노인의 email이 없다. 생존한다면 이미 백살에 가까울 것이다.

* 아제아제 바라아제 바라승아제 보시사바하[揭諦揭諦 波羅揭諦 波羅僧揭諦 菩提娑婆訶]의 뜻은 대략 "가자, 가자. 저 언덕으로 가자. 저 언덕으로 온전히 가자. 깨달음이여! 참으로 좋구나!"이라고 한다(김문갑/철학박사,충남대한자문화연구소,불교저널 20130605).

타향살이

그림자는 길어지고
가을이 깊어지네
낙엽은 땅에 두텁게 쌓이고
추억은 아쉬운 세월 뒤로 묻히고

푸르던 잎은
붉은 낙엽으로
낙엽은 흙으로 사라지고
물장구 치던 여름 소년들도 함께

세월이 흐른 만큼
추억은 쌓이고
우리는 고향에서 멀어지는가?

먼 산이 다가와

빛 바랜 낙엽은
바람에 날리고

먼 산이 다가와
가을을 알린다

끝낼 일 아직 남았는데
요란하던 매미 소리 간 곳 없고
낙엽 위에 떨어지는 빗방울 소리

도시 소음마저 멀어지고
낙엽은 무리져 땅에 구른다

산책길 자갈 소리

새벽 서늘한 바람 타고
햇살은 참나무에 낮게 드리고
발에 채인 돌조각 소리 상쾌하다

연못에 숨어 피던 연꽃 사라지고
거위들 떼지어 떠나간
산책길

세월따라
산책객은 바뀌어도
발자욱 마다 귀에 익은 자갈 소리

어머님의 김장 김치

코로나로 발이 묶였다가
20개월 만에 돌아와
과천에서 연 김치는
진홍색 빨간 고추물
하얀 배추포기에 흠뻑 흐르는
사박 사박하는 김치

추운 날 담그신 어머님 김장 김치
시원스런 어머님 성품을 닮았다.
그리운 어머님

사박 사박 사박

자하문 밖 능금 밭

서울 하늘에 포탄이 터지고
제 키 만한 소련제 "딱쿵"* 총과 따발총 맨 빨치산들이
삼청동 산기슭 약수터를 어슬렁 거리던
그해 늦여름

소격동인가 가회동에 사시던 할머니
부엌 심부름하는 김집과
국민학교 5학년의 손자를 데리고
구기동 넘어 자하문 밖까지
치적치적 한 두어 시간을 걸어
능금 한접을 사 이웃들에게
나누어 주셨다

그 지긋 지긋한
빨갱이들 판치던 서울 천지
자하문 밖 능금 한 접을
이웃집과 나누시던
할머니

사시던 어두운 옛 한옥은
서울 토박이 음식점으로 이름이 났다.

* "딱쿵" 총: 시모노프 SKS45 반자동소총-딱쿵총(쏠때 나는 소리가 딱쿵, 딱쿵하고 들려서 딱쿵총이랍니다) –website

외로운 백조

어제 밤 찬비에
떨어진 단풍 산책길을 덮고
잎을 잃은 나무 사이로
파란 하늘이 서늘하다

여름내 요란하던 거위들은
검푸른 연못에
조용히 떠다니고

여름내 짝이 없던
외로운 백조는
자맥질에 여념이 없네
내년에는 짝을 만나 다시 오려나

욕망과 절망의 여름도 가고
평화로운 잠으로 계절은 간다.

다리 굽은 세월

태풍 ‘마리’가
일본열도를 지나는데
서울거리는
흰 구름과
서늘한 바람
초가을 날씨다

태풍의 끝자락은
가로수를 흔들고
찬거리를 든 노파는
세월에 굽은 다리를 질퍽이며
인생의 끝자락을 걷는다

짧지만 않은 세월은
사정없이 지나고

아파트촌 보도에
햇살은 따갑고
하늘이 높다.

2

아마존의 신화

하얀 새

흰 눈 가득한
산자락
눈덮인 나뭇가지에
이름 모를
하얀 새
눈 속에
앉았는지
날아간 것인지
아예 없던 것인지

백지에 허공 그린
눈 속에 하얀 새

떠나는 학

마을 뒤 산자락에서
맑은 샘 찾던
학 한마리

황진 어지러운 마을
아래 두고 날아가네

땅 뺏기 싸움하는 아이들과
이무기도 산다는 마을에는

나뭇가지에
새잎 돋는 소리
이른 봄에
학 한마리 떠나네

캐나다 광부

학식과 인격이
무거운 이 분을

조(Jo)로 부르는 것은
내 귀로 들어 보지 못했지만

소박한 양심과
불 같은 정열과
젊음 때문에
캐나디안 록키(Canadian Rockies)의 광부들처럼
나도 조(Joe)라고 부르고 싶다

긴 코트와 머플러는
북해 해적선의 깃발처럼
바람에 휘날리고
그는 불의와 타협의 폭풍 속에
마지막 거인처럼
우뚝 섰다

그는

50여년간의 테니스 시합을 사랑한다
진실 찾기를
약한 자와 외로운 자를
공정한 경쟁을
무엇보다 자기를 이기는 싸움을 사랑한다

공평하고 정의로운 사회를 위해서
동양과 서양의 지혜를 전하는 데
사자와 같은 용기를 가졌으나
그러나 그는
어리석고 모난자를
결코 외면하지 않았다

캐나디안 록키의 광부처럼
겸허하고
관대하고
항상 젊음이 가득한
조(Joe)

상수리 나무숲

상수리 나무숲
다람쥐 한 마리 새 한 마리
늙은 나무 등거리 지척에 있네

옷깃만 스쳐도
인연이라는데
그자들의 만남은 어떤 것인가?

밥벌이

평생 밥벌이가 신통치 않더니
몇년전 학교 강의를 끝내자
그것마저 사라졌다

얼마전 근처 한 식당에서 발견한
루이지아나 스타일 닭튀김 곁들인
매콤한 이태리 페네(penne)
바짝 줄어든 위장 때문인가?
안 먹어도 불쑥 나온 복부비만 때문인가?
반도 채 먹지 못하고 포장해 가지고 돌아왔다

때 맞추어 멕이느라 고생한 아내에게
'오늘 점심에 저녁 밥벌이 했소' 라
큰 소리를 쳐 볼까

Champions of Inca

Now we are here, but soon will be gone
A flock of eagles hang upon the ancient wind
Mummies of triumphant champions of Inca
curled up high in the cliff of Machupicchu
With head cut off

Once here and now there
Living then and living now
Champions of Vallhalla

길진을 보내며

우리는
충무로의 사무실에서
만났다

30대의
당신은
미켈란제로의
데이빗(David)을 닮았다

힘찬 근육과
크고 맑고
밝은 미소

당신의 형제들이
세계의 질서 속에서
당당하게 행진하는 모습을
꿈꾸면서 왔다

넓은 가슴으로
용암과 같은 뜨거움으로
당신은
형제들을 끌어안았다
가난하고 병든 형제는
더욱 뜨겁게

외로운 어미새가
먹이를
나르듯이
태평양을 쉴 새 없이 나들며
열정과 사랑으로
배우고 깨닫고 전달하였다

서러운 이웃에게
아낌없이 주고
올바른 길을 찾아
거센 바람처럼
거침이 없이 달렸다

탐구의 불꽃은
아직도 활활 타는데
당신의 형제들은
허기가 질 것이다

막내 동생 같은
항상 푸른 청년 길진아
그냥 떠나는 것이냐?

벽에다 그린
마지막 잎새를
그대로 두고

시작 메모

임길진은 프린스턴, 일리노이 대의 교수였고 서부 미시간대학에서 도시계획을 가르치며 국제담당 부총장을 지냈다. 한국에서는 초대 KDI 대학원장을 역임하고, 주택복지와 환경연합 시민운동의 대표로 사회 서민층을 위한 복지 정책에 몰입하여 미국과 한국을 달마다 오가며 생활하였다. (상세한 경력은 조선일보 2005. 2. 11 "학장님, 학장님, 우리 학장님" 조문을 참조할 것). 이 시는 2005년 2월 17일 8:00 임길진 학장의 추도식에서 KDI정희수 박사가 읽었다.

준마처럼

한 마리 잿빛 준마
바람 가르고 달려와
여기 우뚝 섰다

어려움과 고통이
해일같이 밀려와
삼키려해도

칠흑 같은 어둠 속에
비 바람이 몰아쳐도

가시밭 자갈밭을 헤치고
가파른 언덕 깊은 골 지나
거침없이 달려

가슴 터질 듯 숨 몰아쉬며
용암같은 붉은 정열을 가슴에 담고
머리 추켜들고 달려

늪지 속 작은 생명의 존귀함과
동굴 같은 정적 속
은밀한 우주의 조화에
귀 기울이며

오늘 다시 새로운 비상을 위해
발굽은 힘차게 땅을 구르며
서슬 퍼렇게
갈기를 세우고
여기 우뚝 섰다.

꿈 속에서

꿈 속에 나는 행복하였다
젊은 나는 친구와 담소 중이다
어머님의 음성을 들었다
어머님의 그 따스함으로

'잠 깰 시간이다'
'담배 끊어라'
'참을성을 가져라'
하시는 것 같다

어머님 말씀을 귓전으로 들으며
"나중에요" 라면서 나는 행복하였다

어머님은 사랑으로 기다리시고
장난스런 개구장이처럼
나는 웃고 있다
그 따스함 속에

좋다

좋다
아직은 남은 시간이 있으니
군화 끈을 다시 조여매고

다시 길 떠날 준비를 하세
시간은 멈춰줄 테니
티없고 순진한 소년의 눈으로

푸른 하늘과 따뜻한 햇빛에 감사하며
시간과 나이 눈치는 보지 말고.

아마존의 신화

아마존의 여인은
우수에 찬
서늘하고 커다란
눈을 가졌다

훤칠하게 큰 키에
아름답고 용감한 여전사는
동서양을 넘나들며 일터로 만들고
아주 일찍 세상을 떠났다

지상에 내려왔던 선녀처럼
엷은 미소와 신화 말고는
남긴 것이 없다

지금은 가사가 잊혀진
"시인의 혼(L'ame des Poetes)"의
애잔한 가락을 남기고

'라 라라 라라레이"라네

각설하고, 이제 코넬대학 영문학과 웹에 오른 "시인의 혼(L'ame Des Poetes)"의 영어 번역을 토대로 필자가 번역한 가사를 첨부한다. 노래의 가사가 된 詩는 歌手이자 詩人인 샤를르 트레네가 1944년에 죽은 친구 맥스 제이콥(Max Jacob)을 위하여 1951년에 쓴 것이다.

시인의 혼

오랜, 오랜, 그리고
시인들이 사라진 아주 오랜 후
시인의 노래는 남아서 거리를 흐르네.
사람들은 노래를 그저 맘 내키는대로
시인의 이름도 기억 못한 채
누구 때문에 가슴이 뛰는지 알지도 못하고
노래의 단어나 가사를 편한대로 바꾸면서
기억이 안나면 그냥
"라라라라라 레이"
"라라라라라 레이"하며

오랜, 오랜, 그리고
시인들이 사라진 아주 오랜 후
시인의 노래는 남아서 거리를 흐르네
어느 날 내가 떠난 오랜 후에도
누군가 노래를 부르겠지
누군가의 고통을 달래고 행복을 주고
나이 먹은 걸인에게 삶의 의미를 주고

또 어린이를 잠들게 하고
어느 봄날, 어느 곳 물가에서
축음기의 노래로

오랜, 오랜, 그리고
시인들이 사라진 아주 오랜 후
유쾌한 시인의 영혼은 거리에 흐르고
그 시인의 경쾌한 영혼의 노래는
때로는 즐겁게 때로는 슬프게 하겠지
아가씨와 젊은이,
부자나, 예술가나,
그리고 집없는 부랑자들에게

시인의 혼(L'ame Des Poetes)
영역(Cornell University Site :English 2750)

Long, long, long
After the poets have disappeared
Their songs flow still through the streets.
The crowd sings them, a little distracted,
Unaware of the author's name,
Not knowing for whom his heart beat.
Sometimes one changes a word, a phrase.
And when one has run out of ideas
One goes "la la la, la la lay,
La la la, la la lay."

Long, long, long
After the poets have disappeared
Their songs still flow through the streets.
One day, perhaps, long after me,
One day someone will sing
This song to lull a pain
Or some happy fate.
It may make an old beggar live
Or a child sleep.
Or somewhere, beside the water, in springtime
It will turn on a phonograph.

Long, long, long
After the poets have disappeared
Their light spirits still flow through the streets.
Their light spirits, which are their songs,
That make us gay, that make us sad,
Girls and boys,
Bourgeois, artists,
And vagabonds.

옛 이야기

어머님은
내 할아버지가
아버님의 하숙집 찬 이불을
몸으로 녹이곤 하셨다는 이야기를 자주 하셨다
양친을 일찍 여의신 어머님 눈에
시아버지의 자식 사랑이
부러우셨나 보다

한 세기 지나 그 할아버지의 손자는
막내 딸의 거처를 찾는다고
만리 타향을 헤매고
돌아와

늦도록 공부하고 돌아온
자식의 잠자리를 녹이던
할아버지를 생각한다

막내는 저 없는 사이에 찾아준
거처를 반겨할까?
막내에게
증조 할아버지의 자식 사랑을
들려줄까 보다

다음에 또 누구에게
옛 이야기 들려주라고

봄이 나지막이

봄이 나지막이
기지개 펴는 고양이처럼
몸을 낮추고 슬며시 온다

혹독한 추위와 서릿발이
저만치 주춤 거려도

죽었던 고목의 검은 몸통을 뚫고
송곳같은 잔가지 나오고
북녘에서 날라온 캐나다 거위는
요란스런 울음으로 짝을 찾는다

햇빛 따뜻한 의자에
노인의 눈꺼풀이 무거워

봄이 나지막이
기지개 펴는 고양이처럼
몸을 낮추고 슬며시 온다.

아스피린 한줌

몇 달 전인가
눈꼽만한 애기 아스피린
약통에 가득 담아
밥상 어귀에 놓았다
아침마다 하나씩

오늘 보니
어느새
한 알 남았다

모든 건
때가 있고
끝이 있고

오후 다섯 시의 산책 길

오후 다섯 시
집 앞 공원산책 길에는
밤새 쏟아진 비로
풀은 빳빳하게 곧추 서고
보행로의 굵은 모래는
하얗게 반짝 거린다

계절답지 않은 서늘한 바람을 안고
노인들이 약속이나 한 듯 산책을 나왔다
7월 7일 오후 5시, 섭씨 25도,
자외선(UV) 지수 10, 북동풍 시속 16킬로

보이지 않는 미소를 머금은
노인들은 산책로를 차지하고

노인들 혼자서
지팡이에 기대어
해로한 짝에 의지하며
자전거와 조깅하는 젊은이들 사이를
여기저기 지척지척 걸어간다

아직 햇빛은
지평선 30도
여름의 절정에서
어르신네의 산책이 한창이다.

떠나는 친구

노란 잎이 늘어난 숲
서늘한 가을 산책길에
상수리 열매가 떨어지고
낮게 빗겨 비치는 햇살
연못 색깔이 짙어졌다

언제나 고목처럼 서서
말없이 눈길 주고받던
든든한 친구들이
하나 그리고 또 하나

떠나보내고
떠나는 날이다.

사고무친(四顧無親)

일곱 자녀를 두신 아버님은
무엇이 고독을 일깨워 드렸는지
언제가 한숨처럼
“사고무친”

외아들이시던
아버님의 침통한 절규
나도 실감할 나이가 되었다.

공원 테이블

깊은 산 수풀 속
솟아나는 샘물처럼
세월이 흘러도
티없이 맑고

머리카락 성글어져
파뿌리를 닮아가도
그대가 빛나는 것은
변함없는 향기 때문이지
한결같이 이웃을
배려하는 마음

그렇지만
공원 벤치에
카페 테이블에
남이 어질러놓고 떠난
과자 부스러기 치우는 당신
꼭 당신이 치워야 하는 겁니까

대신 치워주지는 못하고
치우는 당신을 막아섭니다
며칠 후엔 산수(傘壽)의 나이인데
너무 수고 마십시다

내가 철이 덜 든 것이가?

고전(classic) 속의 어머님

고전 선율에는
어머님이 담겨 있다

어머님이 치시던
쇼팽의 야상곡과
낙천이 넘실대는
슈트라우스의 왈츠

외국에서 지낸 긴 세월동안
고향 생각날까 두려워
고전음악은 아예 금기였다

어디서 들리는
쇼팽의 야상곡
객지 살며 뫼시지 못한
불효자식 가슴이 저려

3

계절의 유혹

가을에는 검은 옷 입지마라

낙엽이 아름다운 가을에는
검은 옷은 아예 입지 말게
현란한 붉은 낙엽과
검은 색의 조화는 좋아도
이제는 입지 말게나

오래 전 중학교 검정 동복
낡아 색은 바랬지만
목조이는 단추는
근육과 용기로 폭발하였다

낙원동 난로가에서
브르흐(Bruch)의 선율에
가슴 저리던
검은 교복의 소년은

이제 흰 머리 날리며 집으로 돌아 가는
노인의 눈에는 달랑 남은
마지막 낙엽이 미리 보이네
그러니
이제는
낙엽처럼 빨간 등산 조끼라도 입고 나서지

늦은 가을에는
검은 양복은
아예 입지 말게

커튼을 제치니

이른 아침 커튼을 제치니
회색하늘에 눈이 나린다
4월에 나리는 눈은
서둘러서 급하게 낙하한다
나린 눈은 오후에 남았을까?

살아봐서 알지
우리의 청춘이 얼마나 빠르게
우리의 인생이 얼마나 빠르게
봄눈 녹듯이 사라지는 것

눈은 오고
흔적이 없어져도
들풀의 싹을 틔우고
무성한 풀밭에는
새로운 역사가 쓰여지는 것

버선 콧등처럼

봄은
어머님의 하얀 버선 콧등처럼
보일 듯 말 듯 살며시

검은 나무 등걸 마른 가지는
붉은 빛과 연초록으로 변하고
자취를 감췄던 다람쥐
날아서 나무에 오르고

잔설 사라지는 숲 속
작은 시냇물
도란거리는 물소리
봄은 소리 죽이고
들릴 듯 말 듯 살며시 온다

장맛비

닷새 째 비가 내린다
더위에 늘어질 대로 늘어진
정원의 나무들이
정신 차리고 곧추섰다
다시는 더위가 없을 것처럼
장마의 뒷 끝인가?

새 생명을

겨울내 얼어서 검게 타버렸던 나뭇가지는
검붉은 색으로 엷은 초록색으로
물이 올라 생명이 폭발하기 직전이다
새순은 송곳 같이 반짝이고

검정새가 떼지어 낮은 잡목 사이로 나르고
붉은 배 로빈은 꼼작 않고 땅 속 움직임에 귀 기울이고
멍청한 캐나다 거위는 새로 만난 짝 주변에서
경계의 악을 쓴다

4월은 부활과 새 생명을 꽃피우고
무성한 계절과 풍성한 수확을 약속하는데
노인은 맑은 하늘을 쳐다보며
공원을 걷는 축복을 즐기자

지난 9월을 기억하네

친구는
9월을 기억하네

서늘한 기분 좋은 바람
콧등을 스치고 지나면
왕성한 여름이 끝을 예고하네

초록의 무성한 여름 남겨둔 채로
다 못 읽은 책장 남겨둔 채로
여름은 그렇게 지나고

해는 짧아지고
그림자 길어지는데
9월은 족제비처럼 흔적없이 지나고

친구야
떠나간 여름을 아쉽다 말고
더 멋진 10월을 기다리자.

타향의 눈

눈이 나리면
눈을 따라다니던 시절이 그립다
포코노(Pocono), 마터호른(Matterhorn)
홋카이도와 발토랑(Val Thorens)의 눈
오늘은 코로나로 발이 묶여
뉴잉글랜드(New England)에서 첫 눈을 맞는다

그러나 어디서나 눈이 나리면
70년 전 어린 친구의 웃음소리
강원도 횡계리 황토방 멍석 냄새가 난다

이쪽 땅 뉴잉글랜드 어느 시골에
벽난로 이글거리는 통나무 집에
서초동 전철역 다시마 멸치 우동 냄새가 날까?

첫 눈 나리는 날은

첫 눈 나리는 날
가지를 드러낸 고목에
눈 나리는 소리 듣게
공원으로 나가야겠네

첫 눈은 첫사랑의 눈에서
이슬처럼 맺히던 눈물을
기억해서가 아니고,

첫 눈은 많던 적던
깐깐한 싸락눈이든
인심 좋은 함박눈이든

귀찮다는 아내를 따라다니는
무료한 늙은이처럼
척척 달라붙는
습기 많은 도심의 눈이나

슈슈슉하는 속삭임으로
발바닥을 간지럽히는
발토랑(Val Thorens)에 나리던 깡마른 눈이나

회색눈이 아니면 족하지
새 겨울에 나리는 눈은
호사일세

감사하며
맞아야지

아사히 다케(旭岳)

몽환(夢幻) 같은 안개 속에
혼백(魂魄) 같이 꺼져가는
빨간 점
스키어는
아스라히 사라지네

아사히 다케

시작 메모

홋카이도의 최고봉 아사히 다케의 능선에 자리잡은 아사히 다케는 일본 유수의 산악스키장으로 홋카이도 최고 표고(top 1,600m/ base 1,100m)로 지극히 미립의 스프레이 파우더를 탐미할 수 있다. 로프웨이 정상에서 베이스 방향으로 네 개의 코스가 있으며 그 외에 백컨드리를 즐길 수 있는 곳이 있는데 일반적인 스키장과는 다른 산악 스키장으로, 철저히 자기 책임하의 안전 확보를 명심하여야 한다. 최근 몇 년 사이에도 매년 일본인과 호주인의 조난사망 사고가 빈번히 일어나고 있으며 가능한 한 시야가 좋은 날을 택하여 현지 전문가이드를 동반한 단체활주를 권장한다.

소복입은 여인처럼

눈이 나리네
사발꽃 같이
큼직한 눈이 나리네
칼바람 몰고오던
서슬퍼런 동지 섯달을
떠나보내려는 듯

곤지암 눈 잔치에는
젊고 깡마른 파란색의 눈이
미끄러워 좋지만

나이드니
소복입은 여인처럼
힘없이 나리는
함박눈이 편안해

스키 부츠

십년 넘게 신은
낡은 스키부츠

북해도 후라노(Frano)에서 사고를 치네
발등이 높아 너댓 번은 늘렸던 부츠
안창(inner boots)이 녹아
무너져 버려

여러번의 어려운 전투를
함께 한 전우같은 스키 부츠
플라스틱 자루를 덧신 삼아
후라노에서 함께했던
오랜 전우같은 스키 부츠

이제 헤어지는가 보다
새 부츠로 새 인생을 시작해 볼까?

시작 메모

내가 미국에서 1960년 대 말 신던 부츠는 가죽이였다. 1980년 대 중반에 내 가죽 부츠를 보고 놀란 L군이 나를 끌고 여의도 어느 체육용품 가게로 간 기억이 난다. 그 당시 대부분의 한국 스키어들이 신던 합성 수지로 만든 부츠를 샀다. 그 부츠도 한 20년 가까이 신었나 보다. L군은 3년 전 세상을 떴다.
그는 1956년 강원도 횡계리 방 두칸 짜리 토막에서 영국 군화와 hickory 통나무로 일제가 남기고 간 수십년 묶은 스키로 댓새를 연습한 후 cross country를 해서 강릉까지 다녀온 후 싸리골에서 지게로 나른 눈을 다지고 개최한 1956년 전국학생스키대회에 모두 선수로 참여했다. 그 때 H대 학생이었던 L 선배는 1960년 스쿼 벨리(Squaw Valley)에서 열린 8차 세계 동계올림픽대회전 종목(?)에서 종주한 선수 중 마지막이었다는 소문을 듣고도 후배들은 출전한 선배를 자랑스럽게 생각하던 기억이 난다. 호랑이 담배 피던 시절의 이야기다.

등산양말

샤워 후
옷을 갈아 입다가
옷장 바닥에
튼튼하고 잘 생긴 양말
빨간색이 섬뜩하게 보인다
히말리야 트랙킹이 연상되는
잘 생긴 등산양말

마터호른(Matterhorn) 트랙킹하고
네팔에서 히말리야의 동트는 설봉을 보며
안나프르나(Annapurna) 베이스 캠프를 꿈꾸던 기억

과연 저 잘 생긴 양말은 언제 신을꼬?
젊음과 푸르름은 번뜩 지나고
미루어둔 계획은 사라지는 것인가?

너무 잘 생긴 등산양말
내게 미소를 보내고 있네

신기한 호수

언제부턴가
노인은 걸음마를 배우는 아기의 놀라움으로
주변을 물끄럼이 쳐다보는 버릇이 생겼다

나무나 새나 다람쥐
푸른 하늘에 흘러가는 한가로운 흰 구름
산 것과 움직이는 것 주변 모든 것이 신기하다

풀 몇 포기 없는 이른 봄 산책 길
풀 밭을 콕콕 쪼는 배가 빨간 로빈새
관목 사이를 낮게 나르는 작은 깜장새
가지만으로도 대칭을 자랑하는 아름다운 나무

호수를 누비는 캐나다 거위는
건방진 소리로 울어대고
봄의 호수는 셀 수 없이 많은 약속을 한다

벚꽃이 피고

따스한 봄 날씨에도
입다물고 딴청피던
벚꽃 봉우리가 터지기 시작했다

터지나 했더니
하루 밤 사이에 화사한 꽃 잔치
성미도 급하지 태반이 피었다
주저하지도 않고
파안대소로다.

“벚꽃이 피면 이제는 질 일만 남았다”
친구야 걱정마라
꽃이 지면 초록이 무성한 계절이 오지

사월의 노래

사월은 많은 약속과
만남과 헤어짐으로 가득하다

봄은 고양이 걸음처럼 매끄럽게 다가와
추위로 죽은 참나무 시커먼 피부를 뚫고
연초록색 속 살을 드러내고

땅위의 초목들과 모든 생명을
부드러운 바람으로
찢어진 상처를 치유하나니

화사한 약속으로
탐욕스러운 여름과
스러지는 가을과
오래 잠재우는 겨울을
예비하리라.

계절의 유혹

초록물이 떨어질 것 같은
이른 봄의 숲 속에서
우리는 꿈같이 만났지

무더운 여름과
장마철의 거센 비 속에서
개울을 건너 자갈길을 딛고
산봉우리를 바라보고 달렸네

이제 고단한 여름은 가고
흔들리는 잎새의 작은 몸짓
바람의 속삭임에 귀 기울이며

여름내 거칠어진 손을 맞잡고
단풍 아름다운 가을 숲으로 가네

대관령에 이른 눈이 온다지만
오늘은 가을 선물을 즐기네

보스턴의 가을

늦가을
찬날을 살짝 비켜
집 근처 골프장에 간다
전에도 다녔던 편안한 언덕
엇그제 내린 비로 신발이 다 젖었다

골프장에 오면 시간이
뒤로 간 느낌이다
공이 빗겨가도
물에 빠져도
마음 편하게
코스가 질던지
신발에 물이 차던지
편안하게 둘이서 걷는 것이
젊었던 때보다 마음이 더 편안하다

캐나다 거위는
여기 저기에

적막한 휴일

늦가을 아침
휴일의 정적
욕망으로 질주하던
자동차 소음은 사라지고

도로를 두드리는
작업차의 압착기
굉음이 오히려 한가롭다

어지럽게 날리는 낙엽 속에
스산한 차림의 어린 소녀는
보행신호를 기다리고

드러난 가로수 가지 사이로
평화와 관용을 약속하는

손짓이 나를 부른다
나른한 겨울 잠으로

눈이 쌓이다

눈을 떠보니
창밖 어스름 속
눈이 나린다

땅을 덮고
나무 가지
창밖 난간 위에

예전 장독대에 나린 눈처럼
차곡차곡 쌓여라

귀하게
소복하게 쌓이는
희망을 약속하는
탐스러운 눈

도서관 가는 길

도서관 가는 길
나무가 기지개를 켠다
검은 나무 몸통 새 가지는 물이 올랐다

놀라운 계절의 변화를 전하는
아내의 음성이 놀라움으로 떨린다
산수(傘壽)에 미수(米壽)로 가는 나이
내 귀가 듣기로는 그렇다

봄이 오니
놀랄 일 아니지

가을에 영롱한 당신

가을이 깊어가는 날
낙엽 밟으며 걷는다
내밀어 잡은 손
거칠고 굳어졌네
세월의 실망과 아픔을
영롱한 아름다움으로
조개 속 진주같이
몰래 키워낸
귀중하고 아름다운 당신

검은 숲에서

어름 덮인 늦겨울
숲에 세찬 바람이 분다
모진 추위를 견뎌낸 나무는
검은 껍질을 걸치고 죽은 듯 서 있다

비바람에 부러진 나뭇가지
어지럽게 덮인 산책길
차가운 바람에 숲은 잔뜩 움츠려도

어디선가 이름 모를 산새 소리에
나뭇가지 껍질 속에서
부활의 작은 소리가 화답한다.

4

아침 햇살 속에

꽃잎의 기억

하늘은 맑고 바람도 없는데
벚꽃 작은 잎은
저마다 다른 춤사위로
팔랑거리며
땅에 쌓인다

만개하고 사나흘은 되나
꽃 피워 준 나뭇가지 미련없이

가볍게 춤추며
사뿐사뿐 나린다
일을 다 마친 자축의 몸짓인가?

보리차

주전자에 남은 보리차
냉장고 플라스틱통에
마지막 방울까지 가득 채운다

어머님도
그러셨겠지

살림하시던 대로
주전자의 마지막 한 방울까지
다 비우시느라

어머님은
자식에게 주신 사랑도
자신이 가지신 것
다 넘겨주시고

한 없이
기우리시고
또 기우리시고

2004 겨울호 서울문학 176

네모난 주말(週末)

공(空)치는 주말에
높이 솟은 고층의 벽 속에 갇힌
어린이 놀이터로 나간다

아스팔트의 옥외 주차장과
보도 블록으로 뒤덮인
아파트에서
누런 흙이
드러난
손바닥만한
놀이터

목을
한없이
젖히고

파아란
하늘을
본다

공(球) 안 치는 주말에

초봄의 노상(路上)에서

80년 길이 들더니
폼이 제대로 나네

번잡한 대로 화단 의자에
두 늙은이가
깊은 산 계곡
학 두 마리처럼
천연덕스럽게 앉아 있네

이른 봄 오후의 햇빛 아래
萬里를 흐르던 강물같이
悠悠自適이로다
滄海에는 또 二萬里라니
말없이 느긋한 미소가 가득하구나

옷걸이

오후 햇빛이
남향 베란다에 가득하다
젖은 빨래 말리던 빨래줄에는
빈 옷걸이만 걸려 있다

자식들이 다 떠난
강남의 한 아파트에
햇살이 한적하다

마라톤 뛰는 선배에게

올 한해도
천진하고
당당하게
살자

Australia 황야를
박차고 달리는
타조처럼
머리를 번쩍 쳐 들고
땅을 박차고 달리자

그러다가 때가 되면
강원도 철원에서
이삭을 찾다가
훌쩍 떠나는 학 처럼
날개를 펴고 미련없이
떠나가리라

'카톡'에 부치는 노래

말 춤추는 말,
아조레스(Ajores) 섬의 성난 소,
반쯤 가린 달도 옛날의 그 달

Godfather 와
Love story의 흘러간 노래

그게 그저 반가운 것은
여기 저기 여기
어제 그제
재탕 삼탕
앵콜(encore)로
새 것은 하나 없어도

소년시절 그대들의
사슴같은 눈망울이
그립기 때문이다
알긋제?
알긋다.

거칠어진 손으로

오후 네시에 뿌려진
찬란한 가을 석양은
적청색의 구름으로
칼날 같이 빛나네

그리운 사람이여
다가오소서

비단결 같은
손은 아니더라도
거센 세월에 거칠어진 손
사랑과 배려의 따듯한 손
다가와 내게 건내주시오

늦가을의 고운 노을은
눈 깜박하면 사라진다니

회색 구름

낮은 하늘
회색 구름
낮게 드리운
가을이 오면
가족이 그립다.

단풍 나들이

변덕스러운 날씨를 탓해도
가을은 오고 단풍은 곱다
대모산 산책 두어 번은 서넛이
교외의 운악산 산책은 여덟이
어제는 일산에서 K선배 내외와 메밀 점심을
한 주일이 단풍 속에 산책으로 다 지났다

한가한 노년의
번다한 나들이
가슴은 시려도
단풍이 곱다.

영산홍

냈들 꽃을 아나
우유를 사러 슈퍼에 갔다가
작은 화분을 가져와 탁자에 놓았다
사나흘 지나고 보니
분홍색 작은 꽃이 만발하다

가다 오다 허리 굽혀
연분홍 꽃을 들여다 본다
먼 나라에 사는 우리 딸들
어릴적 예쁜 미소를 본다

아침 햇살 속에

아침 늦게
들이친 햇살 속
입 언저리 주름은
언제 그리 깊어졌는지?

말 없이
손을 잡는다.

큰 애가 보낸 꽃다발

소식 드믄 큰 애가 보낸 꽃다발
오래 전 낸터켓(Nantucket)
자그마한 흰 집 마당에 피었던
하이드렌지아(Hydrangea)

연분홍 꽃잎은 작고 부드러워
장미 꽃보다 오래가지 못한다지만
그래서 생명은 귀하고 사랑스러운 것
소식 드믄 딸이 보낸
따듯하고 그리운 사연
꽃다발로 듣는 모녀의 대화가
내 가슴에 와서 서린다

Flower from Daughter

The room is cascaded with the memories
with the touch of the mist from Nantucket,
the small town of New England decades ago.

Daughter in Paris came to her mother with a bouquet
Centered with small and soft pedals of the hydrangea,
the flowers from daughter on mother's birthday
So tender and sweet tales.

S.W. Hong

Flower arrived yesterday.

빨간 뺨의 둘째

잘 익은 사과 같은
빨간 뺨의 둘째는
얼음 부딪히는 소리를 내며
차디찬 유리잔에 레몬쥬스를 가득 채워
위태한 걸음으로 들고 나온다
뙤약 볕에 풀을 깎는 아빠에게로

손에 든 인형을 막내에게 빼앗기고
둘째는 두 팔을 쭉 뻗고 몸을 비틀고
표정을 누그러뜨린다

둘째야
양보와 속깊은 관용을 그렇게 키웠는가?

어린 나이에 부모를 떠나
자라는 어려움을 혼자 다 헤쳐내고
이제는 거르지 않고
아침마다 노모와 통화하는
고집스럽게 심지깊은 둘째

잘 익은 사과같이
빨간 뺨의 예쁜 마음
가슴 찡하다

우리 막내 영이는

우리 막내 영이는
이십년 전 집을 떠나
머나 먼 나라에서
공부를 끝내고
보스턴과 뉴욕에서 지냈다

오랜만에 만나 한가한 콩코드(Concord) 공원
참나무 밑 벤치에 앉아서
말없이 엄마의 어깨에 머리를 살짝 기대네

무엇을 주어도 아깝지 않고
누구에게 주어도 아깝고

우리 막내
영이는

걷지 못한 벚꽃 길

봄의 벚꽃 길을
여름의 장맛비
가을의 단풍
겨울 눈길
같이 걷지 못한
여러해 동안

다 자란 내 딸들
가슴 저리다

To Daughters

Missing those walks
that we could have together,
in summer rain,
under cherry blossoms in spring,
so many years.

S.W. Hong

가족의 향기

식탁 끝에 꽃 한다발
색 색의 조화가 아름다워
가다 오다 향기를 맡는다

어린 나이에
멀리 떠난 딸들은
어머니 날이라고
꽃을 보냈다

딸애의 꽃다발이
품어내는
사랑의 향기

객지 생활 이십년 하는 애들에게
나는 꽃다발 한 번 보내지 못했다

그대의 오수

열린 창문으로 시원한 바람에
떨구었던 머리를 다시 곧추 세우고
친숙한 소파에 잠든
하얀 얼굴 지쳐 보이네

TV에서 조수미는
"밤의 여왕"을 노래하고
그대 다시 왼쪽으로 고개를 떨구네

피츠버그 공항에서 헤어진
두 딸내미 꿈 속에서 만나려는가
너그럽고 반듯한 노모의 얼굴이네

세월이 남겨 준 주름이 너무 고와
가벼운 담요를 덮어 줄까하나
깰까 두렵다

배꽃 같이

배꽃 같이
희고 깨끗한 당신
구부정한 어깨를 펴라고
노인처럼 걷지 말라고
산책 길에 잔소리 또 듣고
돌아와 소파에 잠든
당신의 고단한 숨결

가슴 아프게
아름답고 귀한
영원한 당신

물끄러미

봄날 아침 햇살에
당신의 주름 속 세월 아름다워

대칭으로 정렬한 나뭇가지
종종 거름으로 먹이를 쪼는 로빈새
연못에 뿌려진 보석같이 빛나는 햇살
세월가며 더 아름다운 당신

아
모두가 처음인 것 마냥
물끄러미 봅니다

하늘을 우러러

한결같이
감출 것도
지어서 만들 것도 없이
하얀 마음 반듯하게 지켜

세월 속의 비바람은
머리 한가닥 하나도
건드리지 않고
흘러갔는가?

비온 뒤
오월 소나무 향기
티없는 청량함이
피어오른다

베니스 어느 광장
천 마리 흰 비둘기가
파란 하늘에 흩어지듯

신화같이
온전하게
끊임없이

아기의 미소

서늘한 오솔길
유모차에서 내린 아기는
아빠 곁을 떠나 한 발짝
섰는 것도 대견한데
한 발짝 다시 한 발짝

코로나 마스크로 얼굴을 가린
지나는 산책객 쳐다보며
예쁘게 활짝 웃는다

거칠 것 하나없이
바라는 것 하나 없이
티없이 행복한 아기의 미소

푸른 하늘에는
흰 구름 한가히 흐르고
시냇물 도란도란
선은 악을 이기고

행성은 궤도 위에
아기는 미소를

숨어버린 소년

미풍에 흔들리는
작은 잎들의 손짓 따라
숲 속 후미진 작은 연못을 찾는다

저만치 작은 폭포 곁에
흘깃 보인 나이 어린 소년
이끼 덮인 참나무 뒤로 숨어버린다

이른 아침 거미줄에 맺힌
이슬같이 맑은 눈망울
새싹같이 수줍은 소년이여

싱그러움 사라지기 전
마음껏 오월을 즐기시게
순결한 연초록이 사라지기 전에

5

낙엽의 무게

제 3의 사나이

그래엄 그린의 제 3의 사나이
전흔 가득한 40년 대의 비엔나
영화도 몇 번 보고
여행도 몇 번 가고

영화 속의 비엔나
찾아가 본 비엔나
전 후의 비엔나
작년에 본 비엔나

어느 비엔나?
진짜 비엔나?

오늘이 있음이야

아 90이 내일 모래네
시간은 소리도 없이 가고
흔적도 없이 사라져

오늘이 있음이야
고마운 것을

태초의 눈

첫 눈
펄렁거리며 오는 함박눈
소문없이 내리는 싸락눈
우중충한 도심 하늘에서나
탁 트인 벌판 건너 소나무 숲에나
눈은 태초의 시작을 준비한다

달님의 침묵

어릴적
달님은
어디를 가나
환하게 웃으며
나를 따라 걷고 뛰었다

지금은
혼자 있으면
소리없이 찾아온다

푸른 삼각산

광화문 광장에 모여
삼각산을 바라보니

어린 시절 꿈 키우던
화동언덕 보이누나

푸른 뜻 한데 모아
바른 전통 세우고

가을에 쓰는 편지

참나무 그늘길 작은 연못에
수줍게 피었던 흰 연꽃은
밤새 반이 시들고
이름 모를 노란색 초롱꽃
바람에 흔들리네

구순의 C 교수는
사랑하는 사람과 시간을 더 못 보낸
회한의 이메일 내게 보내고

학교 졸업 후 60여년 넘게
얼굴 못 본 친구의 이별에
나는 조문 한 줄을 쓰고

50년 전 계획했던 내 귀국환송을 해준
파킨슨 병으로 고생하는 친구에게
감사편지를 이제야 썼다

오라, 마돈나여

태양이 지평선에 머리 내밀면
햇빛은 부드럽게 나무잎 위에 흘러
숲이 온통 초록으로 빛날 때

옷자락 너울처럼 출렁이며
멀리 참나무 그늘 속으로
사라지는 그대의 뒷모습을 보았네

새로 차린 마을에 허접한 풍습
차마 견디지 못하고 떠나
숲속에 몸을 감추었는가?

이제 여름이 다 가기전
입을 가렸던 굴종과 외식(外飾)
겁에 질린 마스크 던져버리고
거짓과 망상(妄想)의 붉은 바이러스 몰아내고

그대는 그 찬란한 새벽에
보석처럼 빛나는
햇살 가득한 오솔길 따라
다시 내게 오리라
마돈나여
자유민주주의여

뉴잉글랜드(New England) 서울대 신문 2020년 11월호

황새 한 마리

멀리 나무 그늘 밑에
농부는 오수에 들고
무논에
황새 한 마리가 주인인 양
한 다리를 들고
꿈쩍하지도 않는다

자랑스런 참나무

거친 비바람, 폭풍과 벼락에
큰 가지 잘려 나가고
껍질은 깊은 홈으로 갈라져
세월의 상처는 아물었지만

녹록치 않은 시련과 욥(Job)의 고통을
진주조개처럼 내 안에 품고
바위처럼 의연한 고목의 자존

깊이 파인 옹이에는
산새와 들짐승 둥지를 틀고

나이따라 깊어진 주름 속에
모진 세월을 이긴 고목
관용과 깊은 평화가 흐르는
자랑스런 참나무
진짜 명정(銘旌)감이다.

망구(望九)의 우리 세대

지금 넋을 놓고
눈을 깔고 지내는
망구 80 대도
한 때는 소년이였다.

집 앞에 파놓은
방공호에 드나들며
서울 상공에 B 29의 굉음을 들으며
안양으로 피난을 갔다가
며칠 지나 8.15 광복을 맞았다.

국민학교 5학년
어느 토요일날 규율반에 뽑혀
월요일이면 '다마'치고 ' 딱지'치는
꼬마들 앞에 뽐내려는 기대는
다음 날 6·25 발발로 물거품이 되고
우리 육형제는 전가족 몰살을 피해
여기저기 친적집으로 나뉘어 피난했다.
나와 아우는 소련제 탱크와 행진하던 인민군을

서대문 근처 친척집에서 겁을 먹고 훔쳐보았다.
며칠 후 꼬마들은
운동장 뙤약볕에서
김일성 찬가를 배우고
학교를 같이 다니던 '동무' 하나
북한 H 부수상의 아들은 9.28에 월북했다.

공산군 점령 후 몇 주 지난 후
우리 형제는 어머님을 따라
경기도 광주 고덕리로 피난했다.
대학과 중학교 다니던 두 형님은
하얀 얼굴에 숫 검정을 칠하고
손수레 가득 짐을 싣고
광나루 다리를 건너다
'처가집' 비행기로 잘못 불리던
호주 폭격기의 기총소사를 받았다.
길 가던 사람들은 풍비박산
강 주변 둔덕 아래로 피하고
소 한 마리가 파편에 맞아 피를 흘리고

아침에 서울을 떠난 우리는
도깨비 불만 보이는 한밤중에
인적도 없는 경기도 광주 고덕리로 숨었다.

애국시인 M 여사가
피를 뿜고 쓰러진
'자랑스러운 대한민국의 소위'
아름다운 청년 장교를 발견한
경기도 광주 골짜기에 숨어
형님들은 산 속에 숨고
나와 아우는 항상 고팠던 어린 배를
호박죽과 햇대추로 채우고
메뚜기를 잡으면 군불에 구워 먹으며
두어 달을 지냈다.

인천에서 포격을 하는 밤에는
시뻘건 불덩이가 하늘을 날고
며칠 후 9 · 28 환도하는 날
부산으로 정부와 피난하셨던 아버지
패잔병과 빨치산이 득실거린다는
광주 골짜기를 지나 할머님을 모시러 오셨다.

압록강과 장진호에 도착한 한국군과 UN군은
환도 후 두달만에 중공군 참전으로
다음 해 1 · 4 후퇴로 서울을 다시 내어주었다.
우리 가족은 군용물자 수송선 LST 으로
인천항을 떠나 부산으로 갔다.

한 3, 4일은 걸렸나 보다.

부산 동대신동 시장 근처 작은 집에 짐을 풀고
나는 동대신국민학교 5학년으로 편입했다.
구덕산 소나무를 지붕삼고 열두어 명씩 맨 땅에서
과분수라는 '괴물'을 처음 배웠고
'서울내기 다마내기 맛 좋은 고래 고기'"
익살 맞은 가락에
골이 난 "서울내기" 중 고아원생 두 명
전쟁을 겪은 서울내기는 성품이 거칠어서
분단장인 내 말은 콧등으로 들었다.

한 학기 후 서울서 피란 온 부산 분교로 편입
일년 후 국가시험을 치루고 중학으로 입학
6·25 후 삼년 동안 국민학교 세 곳, 중학교 한 곳 등
학교 네 곳을 옮겨 다녔다.

모두 겪는 일로 생각되었지만
지금 생각하니 꽤 거센 파고가 있었네.

2020년 1월 20일

전설의 4월에

기만과 선동의 촛불에
눈이 먼 대중
역겨운 축생(畜生)들이 점령한
내 고향 땅

불같이 달려온 순수한 영혼들은
세월에 녹슬고 지쳐버렸다

그러나 이 봄에
4월의 전설은 다시 일어나

수선화 새싹이
검은 흙을 제치고
눈부신 머리 내밀고
시커먼 그루터기를
소리없이 뚫고 나온
초록과 검붉은 연한 가지는
꺼지지 않는 생명의 불꽃

설익은 사회주의의 썩은 냄새를
코로나 바이러스와 함께
라일락의 향기로 씻어내고

초봄의 찬 공기를 깨는
캐나다 거위의 거친 울음소리처럼
자유와 개인의 가치
민주주의 굉음이 울릴 것인가?
빼앗긴 내 고향땅에

2020년 1월 22일

노인의 노래

전철 한 쪽 끝에 앉은
볼품없는 노인
쓰고 버린 포장지처럼 구겨져
애써 바닥에 시선을 떨군다
소년시절 어느해 봄
남녘에 흉년이 들어 송기떡을 먹었다는
가슴아픈 이야기를 들었다
6·25 전쟁이 터진 잔혹한 여름
외삼촌 두 분 북으로 납치되고

두 달을 숨어 살며 호박 햇대추로 끼니를 때우던
경기도 광주의 고덕리는 인적없는 피난처
그 '고덕리'가 지금은 고덕동 아파트의 숲이 되고
노인석 노인은 자유를 위하여 공산당과 싸우고
성능좋은 기계처럼 가난과 싸우고
단군 이래 경제 기적을 일구어 낸 노인은
해 묵은 '계급투쟁'과 질서를 거스르는 평등 외치며
촛불로 광화문을 메우던 집단무지 속에서

할 말을 잃고 넋을 놓고
노인석에 숨을 죽이고 앉았다

광화문의 촛불은 팔랑거리고
유모차를 몰고 나온 젊음은
어찌 그렇게 똑 부러지는지

몸을 바쳐 번영을 일군 노인들은
아무리 생각해도 답이 없다

"아 우째 이런일이"

2018년 1월 4일

인과응보

오래 전
착하디 착한 친구가
먼저 세상을 떠났다
약하고 아픈 친구 먼저 살피는
친구 중 제일 착한 친구

학창시대에도
공군 장교 시절에도
아마 직장에서도
제일 착한 친구

세월이 가며
앞서거니 뒤서거니
친구들이 떠나가
그 중에 착한 친구가 더 앞서가네

고금의 성인과 지혜로운 자들이
착한 친구가 먼저 가는
구구한 이야기를 설명하지만

시원한 이야기는 아직 못 들어

인간 사는 어느 때나 어느 곳이나
뛰고 걷고 땀 흘려서
인과응보의 보상을 기다리지만

착한 친구가 먼저 가는
하늘의 이치를 헤아리는 것은
땅을 박차고 하늘을 나른대도
알 수 없는 것을

이른 아침의 예언

지난 밤
팔순을 지난 친구는
나라 걱정 끝없다
오래 살려면 일찍 자고
일찍 일어 나라는데
팔순넘은 친구는 아랑곳 없어
전화를 끝낼 수가 없다

아 돌아 보면
그때 무섭게 가난했고
공산군의 총검이 무섭던 열살박이 소년은
배고픔과 전쟁의 공포를 떨치려고
70년의 세월을 몸을 던져 일했다

그래
척박하고 겁에 질린 한반도에
기적같은 역사를 쓰고
물건을 만들고 파느라
세상을 누비고 다니며
귀한 자식 얼굴은
잠잘 때만 보면서

열심히
참 열심히 살아
누구보다 앞장서서
가난한 이 나라에 풍요를 불러 온 친구들은
이 세상을 남보다 빨리 떠났다

그러나
오늘도
아침 밝은 햇살은
연초록 잎새를
거침없이 뚫고
정원 나무는 수 없는
에메랄드 조각으로 빛난다

마치 어두운 이 나라의 오늘밤을 지나면
다시 돌아오는 새로운 기적을 예언 하듯
이른 아침 정원은 벅찬 희망을 보이누나

그동안 쉬지 않고 일 만하던 친구야
이제는 영화 'Out of Africa'도 다시보며
모차르트의 클라리넷 선율을 즐기게

내일의 내 나라는
내 자손들의 나라니

가을은 열매를 맺고

가을은 풍성한 열매를 맺고
잠자는 겨울을 낳고
겨울은 시작하는 봄을 낳고
욕망으로 무성한 여름은
낙엽이 아름다운 가을을 낳고

시작 메모

To everything turn, turn, turn
There is a season, turn, turn, turn
And time to every purposes, under heaven
A time to be born, a time to die…

만물은 시기가 있네
계절은 변하고
하늘아래 모든 것은 시기가 있네
날 때와 죽을 때…

피트 시거(Pete Seeger)의 이 노래는 1960년대 미국의 락그룹 "버즈(Byrds)"에 의해 세계적으로 유행하였다. 가사의 일부는 성경 전도서 3장 앞의 여덟 절에서 빌렸다.

소나기처럼

톡 톡
후 두둑
호박 잎에 떨어 지는 빗소리
소나기가 오려나

그제는 군대 선배가
어제는 후배
오늘은 학교 동기
떠났다는 소식이 왔다

을씨년스런 가을날

자고 나면
가지가 드러나는 공원의 나무
낙엽은 산책길에 수북이 쌓여
신발이 묻힌다

서늘한 바람은
양손을 주머니에 찌르고
버스를 기다리는 젊은이
삐죽 코트의 양 어깨를 휘감고 지나

가을은 을씨년스럽게 깊어가고

청계산의 매가 되어

추운 겨울날
칼바람 맞으며
얼어붙은 땅을 박차고
소나무 골짜기를
솟구쳐 올라
지상을 응시하는 매가 되었네

앞서거니
뒤서거니
오르는 사람
내려오는 사람

바람 타고
높이 올라
흘러가는 세월을
지켜보는 것이지

전쟁과 아이

한국전이 터진 해 여름
가족은 경기도 광주로 피란하고
서울 옛 집에 돌아와 석 달만에
다시 부산으로 피란했다

피난 부산학교 아이들은
구덕산 기슭에 땅을 고르고
돌을 쌓아 한 열 명씩 둘러 앉아
소나무를 지붕삼고 ‘노천교실’이라 불렀다

국어와 산수 공부하는 사이에
북으로 밀고가는 전황을 배우고

“서울내기, 다마내기”라고 놀리는
부산 “고래고기”와 싸움 박질을 했다

그리고는 서울서 내려온
피난 국민학교에서 일년
중학교를 이년 다니다
서울로 “환도”를 하였다

포탄으로 무너진 건물 틈에서
서울, 수원, 대전, 부산 각지에서 돌아와
텐트 교사에서 만난 서툰 얼굴들이 만났다
살벌한 시대에 중학교 애들은 싸움을 자주했다
점심시간에 한차례 방과 후에 또 한차례

코 흘리개 갓 면한 아이들은
모두 전사가 되었고
따듯한 마음
시를 쓰는 마음은
아예 숨통을 틀어 잠재워 버렸다

"잘 살아보자"고 많은 것을 버렸다
전쟁의 폐허에서 청년의 낭만 대신
가발을 들고 세계를 누비고
열사의 태양 아래 길을 냈다
이 땅의 역사를 새로 쓰고
"한강의 기적"을 만들었다

그리고는 자신들이 만든 기적 속에
이방인이 되었다.

2020년 6월 28일

낙엽의 무게

어깨에 떨어진 낙엽
바위같이 무겁다
여름의 타는 듯한 갈증과
거센 태풍들을 견디어 낸
고통의 무게인가?

보도에 구르는 낙엽
봄날의 약속과 여름의 욕정
세월의 무게를 모두 털어버리고
이제 진정한 자유를 찾은 것인가?

시시한 시(詩)

시시한 시는
시작(詩作)을 안해본 시인이
시 쓰기를 시작하는 것만도 못하다
시어라는 것이 어시장(魚市場)에서 사는 것이 아니라
하늘의 가장자리와 마음 깊은 곳에서
스믈스믈 피어나는 이야기를
그저 뱉어버리면 되는 걸

그건 못된 시는 되어도
시시한 시는
아니지.

계절의 유혹

초판 1쇄 인쇄 | 2022년 7월 13일
초판 1쇄 발행 | 2022년 7월 20일

지은이 | 홍성웅
펴낸이 | 황인욱
펴낸곳 | 도서출판 오래
04091 서울시 마포구 토정로 222, 406호(신수동, 한국출판콘텐츠센터)
전화 02-797-8786, 8787
팩스 02-797-9911
이메일 orebook@naver.com
홈페이지 www.orebook.com
출판신고번호 제2016-000355호

ISBN 979-11-5829-208-9 03800

값 15,000원

■ 이 책의 내용에 대한 무단 복제 및 전재를 금하며 저자와 도서출판 오래의 허락없이는 출판하거나 유포할 수 없습니다.

■ 잘못 만들어진 책은 교환해 드립니다.